Rainer Haak · Hoffnung ist ein Geschenk

Rainer Haak

Hoffnung ist ein Geschenk

skv edition

Bildnachweis: Umschlag: E. Sadowski; S. 9, 11, 17, 29: J. Breuer; S. 13: W. Söllner; S. 15, 21: D. Epple; S. 19: T. Krüger; S. 23, 25: P. Jacobs; S. 27, 33, 39, 47: H. Stratmann; S. 31: R. Rauth; S. 35: R. Kreuder; S. 37: E. Sadowski; S. 41: G. Eppinger; S. 43: P. Schäfer; S. 45: K.-H. Nill

Die Deutsche Bibliothek – CIP-Einheitsaufnahme

Hoffnung ist ein Geschenk / Rainer Haak. – 8. Aufl. –
Lahr/Schwarzwald : SKV-Ed., 1994
(Wegweiser für dich und mich; 92 751)
ISBN 3-87729-355-7
NE: GT

ISBN 3 87729 355 7

Wegweiser für dich und mich Nr. 92 751
8. Auflage 1994

Gesamtherstellung:
St.-Johannis-Druckerei, 77922 Lahr
Printed in Germany 3866/1994

Hoffnung ist ein Geschenk

Es gibt Menschen, die drohen in Hoffnungslosigkeit zu versinken. Bei einigen gilt das für wenige kritische Wochen, andere stehen in der Gefahr, für immer darin unterzugehen und keinen Hoffnungsschimmer mehr zu sehen. Dabei sind allerdings die Menschen mit dem schwersten Schicksal längst nicht immer die ohne Hoffnung. Wo bekommen sie ihre Hoffnung her? Wo ist das Geschenk Hoffnung zu finden?
Dieses Büchlein geht dieser Frage nach. Es macht sich auf die Suche nach Spuren der Hoffnung in unserem Leben und in dieser Welt. Es will helfen, die Augen für

Hoffnungsschimmer zu öffnen. Es zeigt auf, wo Hoffnung zu finden ist und wie wir in die Lage versetzt werden können, das Geschenk Hoffnung auch anzunehmen.
Das Büchlein beschreibt, wie sich Menschen dem Angebot der Hoffnung verschließen, weil sie sich in ihrer Hoffnungslosigkeit gefallen. Und es illustriert, daß Hoffnung meistens ganz klein beginnt, wie eine Knospe, aus der einmal eine wunderschöne Blüte werden wird. Es macht Mut, aus der Hoffnungslosigkeit herauszutreten und sich der Hoffnung auszusetzen, so wie wir aus dem Schatten heraustreten und uns die Sonnenstrahlen gefallen lassen.
»Hoffnung ist ein Geschenk« zeigt Beispiele der Hoffnung und wird damit selbst zu einem Geschenk der Hoffnung.

Allen Hoffnungslosen möchte ich zurufen, daß es keine Dunkelheit gibt, die nicht durch ein Licht erhellt werden kann. Und allen Menschen, die voller Hoffnung sind, wünsche ich, daß sie sich über dieses Geschenk von Herzen freuen können und Gelegenheiten finden, dieses Geschenk weiterzugeben.
Lassen Sie sich durch die Bilder und Texte in diesem kleinen Buch beschenken!

Ihr
Rainer Haak

Die Wasseroberfläche des kleinen Sees liegt spiegelglatt da in der Nachmittagssonne. Nichts bewegt sich, alles scheint Mittagsschlaf zu halten. Keine Welle ist zu sehen.
Ich werfe einen Stein ins Wasser. Und da beginnt ein besonderes Schauspiel, der Stein zieht Kreise. Die Wellen bewegen sich vom Mittelpunkt fort, kreisförmig gehen sie auseinander. Was eben ganz klein begann, breitet sich jetzt über den See aus.
Oft fällt ein Stein ins Wasser und bringt vieles in Bewegung. Er zieht weite Kreise. Oft wirkt ein Lächeln ansteckend und breitet sich aus, ein Versöhnungswort wirkt Wunder, eine gute Idee wird aufgegriffen, und ein Fünkchen Liebe ändert einen ganzen Menschen.

Es gibt Menschen, die würden die Zukunft unserer Welt am liebsten ausschließlich den Realisten überlassen, den erfolgreichen, genau kalkulierenden Führungspersönlichkeiten, denen, die immer richtig funktionieren, die alles im Griff haben. Ob bei denen die Welt gut aufgehoben ist?
Zum Wohl der Welt brauchen wir mehr. Wir brauchen die Träumer und die Kinder, wir brauchen Clowns und Versager, wir brauchen Tänzer und Sänger und Lebenskünstler. Sie erst machen diese Welt menschlich. Wir brauchen Menschen, die weinen und lachen können und die ihren Zug verpassen, weil sie einem schmutzigen kleinen Jungen geholfen haben, seine Glasperlen aufzusammeln. Wir brauchen Menschen, die sich nicht für so schrecklich wichtig halten.

Ich glaube, daß es mehr gibt. Mehr, als sich mein Verstand vorstellen kann. Mehr, als meine Augen zu sehen in der Lage sind. Mehr, als alle klugen Worte und Gedanken jemals auszudrücken vermögen. Ich glaube, daß es mehr gibt als das, was ihr als Realität bezeichnet. Mehr als eure wissenschaftlichen Formeln und Erkenntnisse.
Ich glaube, daß es mehr gibt als meine Sorgen und Überlegungen und Ängste. Ich glaube, es gibt mehr in jedem von uns. Ich glaube, insgeheim hat jeder ein Ahnen von dem ganz anderen, von dem wirklichen Leben.
Ich glaube daran. Und ich bin sicher: So groß können Verzweiflung und Enttäuschung gar nicht sein, daß mir diese Hoffnung genommen wird.

Als ich mich hinsetzte, um einen Brief zu schreiben, obwohl es mir sehr schwer fiel – als ich dich lange anschaute und dann deine ausgestreckte Hand ergriff – als ich nach langer Zeit zum ersten Mal wieder die Hände zum Gebet faltete – als ich sagte: »ich denke an dich« – als ich ein neues Bild in mein Zimmer hängte – als ich wieder zuhören konnte, ohne ständig selbst reden zu müssen – als ich die Augen schloß, tief durchatmete und leise »danke« sagte – als ich dich einlud: »Komm doch mal wieder zu mir!« – als ich Einsamkeit nicht mehr als Feind ansah – als ich mich wieder über eine einzelne rote Rose freuen konnte – als ich in der Lage war, auch dann zu lachen, wenn mich niemand sah – da wußte ich, daß ich die Hoffnung wiedergefunden hatte.

Der Schnee hat alles zugedeckt. Alles, was sonst meine Blicke auf sich ziehen würde, ist durch eine hohe weiße Schneeschicht verborgen. Ich sehe nichts von den Dingen neben dem Weg, und nicht einmal den Weg selbst kann ich erkennen. Ich werde auf keine Hindernisse hingewiesen, auf keinen Stein und keine Felsspalte. Kein Blatt, keine Blume gibt dem Weiß einen Farbtupfer. Eine kleine Holzhütte schmiegt sich an den Berg und zeigt mir in dem endlosen Schneefeld einen gastlichen Ort. Dort würde ich gerne »überwintern«, nicht gegen den Winter, sondern mit dem Winter. Jetzt, wo so vieles um mich herum zugedeckt ist, kann ich beginnen, die Welt in mir aufzudecken, zu entdecken. Nichts lenkt mich von meinen Gedanken ab. Der Schnee hilft mir, das Wichtige zu sehen. Ich brauche den Schnee in meinem Leben.

Am 18. April lief ich früh morgens um die Alster. Gleich wurde ich von einem Gefühl erfüllt, das ich in den vorangegangenen Monaten so vermißt hatte. Es war Frühling, endlich! Ich sah es an den farbenprächtigen Versammlungen der Krokusse auf dem Rasen neben dem Weg. Und ich merkte, daß die Trauerweiden wieder begannen, sich zu freuen. Sie zeigten es durch ein zartes, zaghaftes Hellgrün. Noch vor wenigen Tagen war das alles für mich kaum vorstellbar. Der Winter hatte dieses Mal besonders lange gedauert, und in meinen Gedanken war noch alles von einer Eisschicht umgeben, die Bäume, die Knospen, vielleicht sogar mein Herz. Und heute morgen lief ich am Wasser entlang in einen jungen Frühlingstag hinein. Das Leben hat sich zurückgemeldet.

Du kennst mich ganz genau, mein Gott. Du weißt, was ich plane und denke, du siehst meine Hoffnungen und Ängste. Jeden meiner Schritte kennst du und jedes Wort. Du bist mir nah in jeder Situation, du hältst mich fest und beschützt mich. Sogar wenn ich dich enttäusche, wenn ich dir weglaufe und nichts mehr von dir wissen will, bist du trotzdem treu und stehst zu mir. Mit dir erlebe ich, daß selbst die dunkelste Stunde ihr Entsetzen verlieren kann, weil dein Licht hell leuchtet. Ich kann nur staunen, verstehen kann ich dich und deine Liebe nicht. Wie gerne will ich dir in allem vertrauen und dir glauben, daß du es gut mit mir meinst. Paß auf mich auf, mein Gott, und zeig mir den rechten Weg.

(nach Psalm 139)

Ich weiß nicht, wohin der Weg führt. Aber ich will darauf vertrauen, daß er ein Ziel hat. Ich will darauf vertrauen, daß es sich lohnt weiterzugehen.
Ich will mich überraschen lassen von dem, was der weitere Weg mir an Möglichkeiten schenkt. Und ich will nicht warten auf die Dinge, die es vielleicht nur an einem ganz anderen Weg gibt. Ich will mich freuen über das, was sich mir schon heute in den Weg stellt: Blumen am Wegrand, Zäune, Hindernisse, Menschen, die mir begegnen oder mich begleiten. Ich will mich freuen, solange ich weitergehen kann und sehen kann und hören und riechen.
Und dann eines Tages weiß ich hoffentlich, daß es der richtige Weg war, mein Weg.

Ein Glück, daß Hoffnung nicht zu kaufen ist oder an den Meistbietenden versteigert wird! Wie gut, daß Hoffnung nicht studiert werden kann und dann allen erfolgreichen Absolventen verliehen wird! Hoffnung ist kein Vorrecht der Reichen und Begabten.
Hoffnung ist ein Geschenk. Sie kommt wie der junge Morgen nach einer langen Nacht. Sie kommt wie das erste Lächeln nach tiefer Traurigkeit. Sie kommt in einem gar nicht mehr erwarteten Brief. Sie kommt durch einen Gedankenblitz. Sie kommt mit einem Händedruck. Sie kommt nach langem Warten und Suchen. Sie kommt bei einem ganz einfachen Gebet. Sie kommt dann, wenn du die Augen wieder aufschlägst und erstaunt feststellst: »Es geht ja weiter!«

Jetzt bin ich allein, für alle Zeit allein.« Sie sagt das so, als wäre der schreckliche Verlust gerade eben erst eingetreten. »Immer, wenn ich daran denke, habe ich ein Gefühl, als würde der Boden unter meinen Füßen fortgezogen werden und ich müßte tief fallen.«
Das geht nun schon Jahre so. Der Platz neben ihr ist leer. Sie beklagt ihren Verlust und will nicht mehr leben. Wofür auch? »Damals war es schön, jetzt ist alles trostlos.« Sie verschließt sich selbst für den nächsten Abschnitt ihres Lebens, der genauso schön sein könnte, wenn auch auf ganz andere Weise. »Es hat ja doch alles keinen Sinn!« Und indem sie sich dies einredet, wird es wahr. Die kleine Pflanze Hoffnung beginnt zu vertrocknen.

Das Neue ist schon sichtbar und spürbar – oder wenigstens zu ahnen. Du glaubst es nicht? Öffne deine Augen und schau genau hin, hör genau zu, atme tief ein und achte auf dein Gefühl. Du siehst nur das Alte und Vergangene? Du siehst nur das, was du dir jahrelang eingeredet hast oder was andere dir ständig wiederholen?
Vielleicht mußt du in eine andere Richtung schauen. Sieh auf das Neue, vor dir und neben dir und – du wirst es entdecken – auch in dir! Unter dem Abgestorbenen hervor tritt es ans Licht und entfaltet seine Schönheit. Es entfaltet sein Leben und macht Mut, die Augen ganz zu öffnen.
Kannst du die jungen Knospen in dir entdecken? Gib ihnen eine Lebenschance.

Wie schnell können falsche Erwartungen an das Leben bei mir zu Enttäuschung und Resignation führen: Wenn ich doch nur einmal den Hauptgewinn ziehen würde! Wenn ich doch reich werden würde! Wenn ich endlich richtig glücklich sein könnte! Wenn ich doch wieder ganz gesund werden würde! Wenn wieder alles so wäre wie früher! Wenn . . . Darf ich hoffen? Und dann entdecke ich, daß das Leben aus lauter kleinen Schritten besteht. Ich stelle fest, wie schön das Gefühl ist, den neuen Tag als Geschenk zu erfahren. Ich merke, wie wertvoll jede Begegnung sein kann und jeder Besuch, wie tief und wohltuend jedes ehrliche Gespräch ist, wenn ich wirklich will. Ich spüre, wie jede Zuwendung und jedes Erlebnis mich reicher macht. Und mit einem Mal merke ich, daß ich wieder ein kleines bißchen glücklich bin.

Ich wünsche mir Augen für die Größe, die auch der kleinste und verachtetste von uns Menschen besitzt. Ich wünsche mir einen Blick für die Würde und den Wert derer, die in unserer Gesellschaft nichts gelten, die ganz an den Rand gedrückt werden. Ich wünsche mir Verständnis für die, die gestrauchelt sind und allein nicht wieder aufstehen können. Ich wünsche mir eine Vorstellung von den Möglichkeiten, die in den Menschen stecken, die nie lesen und schreiben gelernt haben, die nicht das Glück hatten, sich frei entfalten zu können. Ich wünsche mir, daß ich erfasse, wie liebevoll Gott mich sieht und wie sehr er mit mir rechnet.

Hoffnung und Vertrauen haben mich geprägt. Vertrauen in das Leben, in Menschen, in Gott – das machte meine Lebensschritte erst möglich, Vertrauen und die feste Hoffnung, daß es nicht enttäuscht wird. Ich erinnere mich daran, wie ich in die geöffneten Arme meines Vaters sprang, ich denke zurück an den Weg zur neuen Schule, an die erste Reise, die ich alleine unternahm, und daran, wie oft ich mich auf neue Menschen einstellen mußte. Mir fällt der Umzug ein und der Besuch bei mir vorher unbekannten Menschen – das alles wäre ohne Vertrauen nicht möglich gewesen. Und dieses Vertrauen wurde nur sehr selten enttäuscht.
Hoffnung und Vertrauen haben mich geprägt. So soll es bleiben. Und Gott, das glaube ich fest, wird mich niemals enttäuschen.

Früher haben hier Boote angelegt. Heute sind nur noch wenige Spuren davon zu sehen. Wo früher Leben war, ist es heute zugewachsen, verrostet, verrottet, verfallen.
Ich betrachte alte Fotos, letzte Zeichen und Spuren längst vergangenen Lebens. Das war . . . ach, lange her muß es sein ! Aber ich erinnere mich gern daran zurück. Und ich bin sicher, eines Tages werden auch vom Leben heute nur noch wenige Spuren zu finden sein. Es wächst Gras über allem. Über allem? Ich will suchen nach dem, was Bestand hat. Und wenn ich es gefunden habe, dann will ich mich daran halten. Ich will in aller Freude an diesem Tag den Blick für die Ewigkeit gewinnen. Wo wird mein Boot anlegen?

Warum muß das gerade mir passieren? Warum muß es ausgerechnet mich treffen? Warum? Ich komme mir vor wie ein Wanderer, dem der Weg und die Sicht durch eine unüberwindbare Mauer versperrt ist. Bin ich am Ende? Dunkle Gedanken legen sich über mich wie ein grauer Nebelschleier. Natürlich, ich weiß ganz genau, daß ich viel Grund zur Dankbarkeit habe, wenn ich auf mein Leben zurückblicke. Aber das ist für mich jetzt nur Theorie. Ich weiß auch, daß hinter dem Nebel und den Wolken schon wieder die Sonne scheint. Aber mein Leben bleibt kalt und trostlos. Will ich eigentlich, daß sich etwas ändert? Fühle ich mich vielleicht wohl in meinem Unglück? Hoffnung ist ein Geschenk, aber ich muß dieses Geschenk wollen.

Es gibt Menschen, die diese Erde lebenswert machen. Menschen, die sich nicht kaufen und bestechen lassen, sondern die den Wert jeder Person höher einschätzen als großen Gewinn oder eigenen Erfolg. Menschen, die auch gegen die öffentliche Meinung ihren Idealen treu bleiben und auf ihr Gewissen hören, die ihren Glauben nicht bei jeder Gelegenheit wechseln. Menschen, die ihre Ohren nicht verschließen vor dem Schreien der Verhungernden und Verfolgten. Menschen, die da sind, wenn sie wirklich gebraucht werden. Menschen, die sich der Liebe verschrieben haben. Solange es solche Menschen gibt, habe ich Hoffnung für unsere Welt. Und ich habe Hoffnung für mich selbst. Ich möchte mich so gerne anstecken lassen.

Manchmal könnte ich gut einen erhöhten Aussichtspunkt gebrauchen, von dem aus ich einen ganz anderen Blick über mein Leben hätte. Das gilt besonders dann, wenn mein Blickwinkel total eingeengt ist und ich nur noch einen kleinen Ausschnitt der Wirklichkeit wahrnehme.
Von dort würde ich bestimmt mehr erkennen als nur meine Sorgen und meine Hoffnungslosigkeit. Ich würde vielleicht am Ende des Meeres Land erblicken und neues Leben ahnen. Ich würde außer der Schattenseite an meinem Haus auch die Sonne erkennen, die dahinter scheint. Und vielleicht würde mir dieser neue Blick sogar helfen, mich auf den Weg zu machen, um Land zu suchen und einen Platz zu finden, an dem ich wieder die Sonne sehen kann.

Ich wünsche dir, daß du nie so sehr von deinen Sorgen gefangengenommen wirst, daß dir das Leben sinnlos erscheint.
Ich wünsche dir, daß du niemals vertrocknest und verknöcherst und schließlich aufhörst, von einer besseren und liebevolleren Welt zu träumen.
Ich wünsche dir, daß du niemals so ausschließlich dich selbst siehst, daß du keinen Blick mehr für die Liebe hast und dafür, was sie zu bewirken vermag.
Ich wünsche dir, daß du niemals so enttäuscht bist von dir selbst und von den anderen, daß du Gott nicht mehr zutraust, eure Freundschaft und euer Vertrauen zu wollen.
Ich wünsche dir, daß du niemals zu hoffen aufhörst.

Dies ist nur ein Titel von mehreren aus der Reihe »Wegweiser für dich und mich«. Vielleicht wollen Sie jetzt gerne weiterlesen. Folgende Titel sind lieferbar:

Hoffnung ist ein Geschenk (92 751)
Auf allen deinen Wegen (92 752)
Das kleine schwere Wort »danke« (92 753)
Anders leben müßte man (92 754)
Liebe verändert die Welt (92 756)
Trauern heißt neu anfangen (92 757)
Stille brauchen wir alle (92 760)
Gut, daß es Freunde gibt (92 761)
Mitten im Leben ist Geburtstag (92 762)
Zeichen der Gemeinschaft (92 763)
Auf der Suche nach Freiheit (92 764)
Jeden Tag Freude (92 765)
Geboren um zu leben (92 767)
Dankbar für jeden Augenblick (92 768)
Freude am Reisen (92 769)
Loslassen muß ich lernen (92 771)
Danke, daß du da bist (92 771)
Ein Leben voller Abenteuer (92 772)
Mit jedem Jahr lebendiger (92 773)
Das Fest des Lebens feiern (92 774)

Sammeln Sie mit?